LYRIKEDITION 2000

begründet von Heinz Ludwig Arnold†

herausgegeben von Florian Voß

Ulrich Koch, geboren 1966 in Winsen an der Luhe, lebt östlich von Lüneburg. Er veröffentlichte Gedichtbände im Residenz Verlag, in der Lyrikedition 2000 und zuletzt im poetenladen Verlag den Band »Uhren zogen mich auf« (2012). Er erhielt Preise und Auszeichnungen, u.a. 2011 den Förderpreis zum Hugo-Ball-Preis.

Ulrich Koch

Selbstgespräch mit niemand

Gedichte aus zwei Jahrzehnten

LYRIK
EDITION
2000

Weitere Informationen über den Verlag und sein Programm unter:
www.allitera.de

Weitere Informationen über die Lyrikedition 2000 unter:
www.lyrikedition-2000.de

September 2014
Allitera Verlag
Ein Verlag der Buch&media GmbH, München

Lektorat: Florian Voß, Berlin
Printed in Germany · ISBN 978-3-86906-676-9

Morgens um vier

Herr, auch du gehörst eines Tages
zu den Leuten, die, wenn sie
auf einen Stuhl gestiegen sind,
in der Küche, die zur Hälfte
gekachelt ist, wie ein Taufbecken,
morgens um vier, nicht mehr wissen,
plötzlich, ob sie eine neue Birne
eindrehen, eine Rede halten oder
etwas anderes machen wollten. Nach Wochen erst
brechen andere die Tür auf, öffnen
die Fenster, stellen Strom, Gas
und Wasser ab und beseitigen alles,
den Schmutz, den Gestank, die Reste,
auch den Schmerz, auch die Erinnerung
und den Leib, auch dich, auch den Wecker
auf dem Nachttisch, immer noch tickend
wie ein Metronom auf einem mechanischen
Klavier, und wir vergeben dir
alle deine Sünden und verlieren kein Wort
über den Schmerz, der rast.

Über den Fluss

Wie jemand in ein Boot steigt,
das sich dann zur Seite neigt,
setzen wir die Schritte,
kriechen zur Mitte

und streicheln, worin wir gesteckt –
grau wie Brot ist die Haut,
Brot, das man immer länger kaut,
damit es doch süßer schmeckt.

Nimm dir vom Brot, das ich beiße!
Gib mir vom Brot, das ich brach!
Vielleicht zieht morgen weiße
Kreide unsre Schatten nach.

25. Gesang

Dann wurde es Morgen, Vogeleier fielen aus
Den Nestern, Schwalben, die die Reede nutzten,
Nen Richtkranz um den Mast zu flechten. Vom Geschirr
Die Hälse blutig, stumpf, fuhrn Wolken durch das Salz
Die Hufe – der sie neu beschlug, der Morgen, kam.

Wir hißten alles Tuch und stellten uns zu dem,
Der krachend in des Meerhains Grün die Schneise schlug,
Zum Bug, und in den Taschen steckte, wie Äpfel wund
Und handverpackt nur der: einarmige Bandit.
Mit dieser Überlieferung aus ferner Zeit,

Die hell, ein Handschlag nur, wie jemand eine Tür,
Nach innen öffnend, zieht, lehnend in meinem Kleid
Und schwankend zwischen Entkommen, Gehn, begrüße ich
Den Morgen, jene, denen aus dem engen Hals
So manchen Korken unser Wintergarten zog:

Ihr Schwalben! Anker überm Meer, das blau wie Brot.
Links von uns schwankt der Wald, wie Paarhufer, die man
Zusammentrieb, die, fett genug, die Schläfe drehn,
Auch wie zwei Spatzen, die rochieren, so fein! so flink!
Die Ruderblätter glänzen hell

Und unter den Laternen summt noch Schnee.
Weil draußen Grillen zirpen, drinnen Circe grillt,
Die Frau von pfirsich Jahr sie nicht vergißt,
Gräbt tiefer noch ins Brack den Schlag, die Mannschaft singt:
Wir sind hier? War die Vorzeit auch so grau? und wo

Die Filme ab sechs Jahren sind, das fragen wir,
Und was unsere Kinder wohl dazu gesagt
Und was sie da zu sagen gehabt, denn es gibt
Die freie Liebe noch: wo ein Paar zusammenfand,
Stehn Holzkreuze am Straßenrand, mit Spitznamen darauf.

Aus Städten fahren wir, man führt, derweil
Die Verse wir nicht finden im Bautagebuch,
In andre uns hinein, auf deren Straßen wir
Die andre ihre Hinterbeine reiben sehn.
Müde geworden kauen wir Mehl – und sind doch schon verloren:

Lehm, wir kotzen nur Lehm. Flanieren sieht man uns
Vor Kinos zu zweit zu viert zu dritt mit manchem Tritt
Im Bauch, Gedankenstrich zwischen dem Namen,
Sieht uns über die Straße laufen und Licht machen im Haus,
Das rasend Licht wird, langsam Haus dann wird.

Die Kinos werben auf Knien: Genickschuß, fellatrice.
Und an dunklen Morgen sehn wir noch:
Der Wald hat rote Augen nachts, nur Schwalben nie,
Im festen Gewinde, denn was im Fahrstuhl steckenbleibt,
Der Sterbehilfe lebhafter Streit, und ohne Nabel

Kürzerer Atlas, wie Schlaf mit angezogenen Knien,
Ist eine Lerche nur, die jetzt, am Schluß,
An einem Stein im Bauch die Kehle sauber reibt.
Von der Bestandsaufnahme hat nur eins Bestand –
So, immer beginnend mit Tieren, still klagend, sei's Gesang,

Den ich vermied. Abschied wär's ja, der uns dann,
Im Brotpapier der Alben blätternd, nährt. Denn
Als Eos nun, die Finger Ruß, da wollen wir,
Beim Anziehn ohne Schmerz, beim Ausziehn ebenso,
Nicht wissen, welche Treppe das Herz abgeht, das dann

Uns Rollstuhlfahrer in die erste Reihe schiebt.
Rechts von uns schwankt der Wald, wie Paarhufer, die man
Zusammentrieb, die, fett genug, die Schläfe drehn:
Glänzend sind die Ruder, salzig, die man uns gab.
Den Keller unseres Hauses, zu stechen ein größeres Grab.

Verlaufen

Schon angezählt
auf die Welt gekommen,
aber: von wem, darauf
kam ich nicht. Kein Gesicht,
das länger blieb
als vom Abschied verlangt.

Der Mond über den Garagen

Durchreisende verbergen das Gesicht im Sitzohr,
schreien wochenlang noch im Schlaf.
Vor dem Hauptbahnhof sind die Arme der Jungen
dick wie das Telefonbuch der Stadt.

Radler in der Winterlandschaft des August,
mit Einkaufstüten an den Lenkerenden,
vor der Asystole des Horizonts
entbindet eine Flaute die Fahnen.

Die Gemengelage: zusammengeschnürt
wie ein Seemannsknoten im Regenwurm.
Ein paar Stempel auf dem Paket:
Schule Friedhof Krankenhaus

Keine Fuge, die aus dem Häuschen gerät –
man kaut seine Münze und geht.

Reisegedicht

Oft sitz ich zwischen den Speisen und die Augen sind hell
Wie die blindgeweinten Flächen hinter den Bildern
Mit denen ich erwache: im Pflegeheim
In der Gedenkstätte, im Gemeindesaal
Im Zentrum der Bewegung, im Haus der Begegnung
Im Aufwachsaal, im Tagungsraum – singen wollend
Zu heiser doch vom Schreien: den Federn im Kissen gleich.
Vor den Türen liegen die Rosen im Streit
Was erbaulich ist inmitten der Trümmer.

Auf den Brücken quere ich die Leere
Manch Blumentapete verspricht ein Geweih
Deine Kreide, mein Auge, zu stricken
Mit aufgebahrten Rüben, Zuckerhüten aus Kies
Tannen, im Kreuzgang zu schwanken, zu knicken
Ein paar Wolken im Kampf ums Blaue Band, Badewannen
Auf den Weiden, der Schönheit manchen Apfelbaums
Der sich reinigt mit den Stacheln jeden Zauns
Darüber die Gärten gebrochen. Niemand wird getauft.

Hat er noch ein Herz? Eine Rose auf Treibholz
Die Birken, ihr Milchgebiß heißt er sein eigen
Der Schrank hier, er nennt ihn Geschichte, hütet die Kleidung:
Einen Blaumann aus Kamelhaar, ein letztes Hemd
Mit Mottenkugeln vollgehängt. Er spricht mit den Tieren
Den Toten im sprungbereiten Fenster, darin zart
Alles, was zwei Flügel hat, flüchtet
Vor den Scherenschnitten seiner Art.

Die Bibel unterm Arm, der Schaffner spricht:
Bruder, jeder Psalm kommt pünktlich an
Und zwischen deinen Schläfen wird es warm
Dein Schmerz, er ist nur Schere und Papier
Wenn wir durchs Vorausgesagte fahrn.
So, schnell auf den Beinen, wie es Bußfertige sind
Allem entsagend, dem du entsprichst, reise, Gedicht.

Canto

Der Geruch der Pappel, wenn ich zählend
mein Gesicht an ihre Rinde drückte,
die Stirn, den Rücken der Nase, die Kanten
der Hände, die ich wie Scheuklappen
seitlich an die Augen hielt, als ich
lauthals lautlos rückwärts zählte und,
bei Null angekommen, bei nichts,
mich umdrehte und niemanden mehr fand,

nur den Geruch der Pappel. Grillen
stridulieren in den Gräsern. Licht,
das den Tag anhimmelt, hinter allen Kurven
bimmelt der Eismann oder das Vieh.
Die Mütter stellen die Satte vor die Tür,
am Morgen spiegeln sich Sterne,
schwimmen blaue Fliegen darin, es biesen
die Pferde und Kühe, fressen.

Auf die Kronen der Jägerzäune
legen Schäferhunde ihre lehmverklebten Pfoten,
Quecke, Senf und Melde sprießen,
die Mieten sind noch grabgeplündert
und aus den Totenhemden schlüpfen
die Kirschfliege und der die Apfelblüten sticht
und im Dachstuhl maunzt der Marder, bläst
uns Madrigale durch das Wasserrohr ins Samstagsbad,

nach dem bald die Haut riecht,
wie ein Stempelkissen. Auf den Tellern
dampft die Grützwurst im Kompott
wie in der Molle das Brät, etwas Alster
oder Limo aus dem Senfglas obendrein,
vierfingrige Gabeln manschen die
gestampfte Erde hinein. Vorm Seitentor
rühren sie Blut, gelassen wir Kannibalen.

Wind schlürft in den Ziegelfugen,
treibt die Spinnen vor sich her.
Noch unbetreten ist der Mond
und totenblaß wie frischer Schnee.
Sie hockten neben den Regentonnen,
unter den Kaninchenställen,
hielten den Atem an, sind verschwunden
oder rannten los.

Ich sitze schon, da alles noch läuft,
die letzten Meter keuchend nimmt,
zwei Kufen die Ellen auf dem Tisch,
den Kopf darin, den eingeklemmten Schwanz.
Es schneit in Strömen, ich sitze,
und zwischen den Schlücken reibe ich
am braunen Hals der leeren Flasche
wie an Aladins Wunderlampe.

Mein Sohn, sagt sie

Zurückkehren, auf Knien, wirst du,
stumm, die Braut im Arm,
die Braut, dies Buch.

Und du führst sie aufs Zimmer,
ins Bett und ihr liegt
auf deinem Turiner Tuch.

Was ist

Die Räume sind fremd wie die eigene Stimme,
die Vögel zum Überfluß leicht. Lang
sind die Flüsse und reißen nicht ab,
so weit das Auge reicht.

Die Liebe nimmt kein Ende,
und wenn, dann nur ein vorläufiges.
Das Leben geht weiter, kurz.
In den Kämmen hängen noch Haare.

Die Betten sind eckig.
Noch immer nicht sind sie rund geworden
wie der Mond. Aber fleckig und grau
ist beides und wie mit Erde beworfen.

Die Ärzte sprechen von Hospitalismus.
Das Essen ist schlecht.
Die Augen der Toten sind weiß
wie Eier im Nest.

Die Götter sind für uns unsichtbar,
die Leichenwäscher für die Toten.
Uns kommen die Tränen, selten, ein paar,
und zäh wie der Speichel eines Idioten.

An mich

Erinnere dich an die Betten am Morgen,
mehlig, zerwühlt, Telefonbüchern gleich,
nach Jahren allein. An die Schuhe,

daruntergeschoben, ein mürbes Paar,
lange schon auf der Stelle tretend
und nur manchmal vom Putzdienst angehoben,

der ganz winzig wirkte im Hall, in der Leere
der endlosen Gänge, hohen Räume,
bemüht, den eigenen Schatten, krumm,

von den Türen und Treppen zu wischen,
um die Bäume gestapelter Stühle herum.
Erinnere dich an den Obertongesang

der Absauggeräte und Kompressoren,
an das Schneelicht der Neonröhren,
den Gasgeruch all der Blumen auf den Tischen,

Narzissen und Nelken, aufrecht verwelkend.
Es kamen noch Briefe. Niemand las sie.
Selbst die Teekannen sahen krank aus,

von innen, ein grauer brauner Belag.
An den Saueimer unter der Spüle
erinnere dich. An die Groschenromane,

Gesangbücher, Brillen, Rasierapparate,
Gehstöcke, Mützen, Hörgeräte,
die Küchenabfälle derer, die noch

Wälder kannten, richtige Winter, Zeit.
An die angeschwollenen Hände und Füße
erinnere dich, an die aufgeblähten Bäuche.

Erinnere dich an den Raum im Keller,
kahl wie eine Ausnüchterungszelle,
es hallte wieder, wenn man sprach.

Und wie du dann wieder nach oben fuhrst,
im Fahrstuhl, und nochmal im Zimmer standst,
in der Hand den Strauß gezogener Schläuche.

Ein Schnellzug fährt durch

Kühe stehen auf den Weiden,
grünes Gras im Magen.
Sie kauen und schütteln die Euter,
wenn sie frieren oder Geburtstag haben.

Jemand liegt ganz lange im Bett,
danach in der Badewanne.
Eine Alte kehrt vom Friedhof zurück,
mit Handtasche und Gießkanne.

Rembrandt, Rubens, Goya –
Namen von Fernsehapparaten.
Die Ortsschilder tragen Trauerflor
und sind umgedrehte Spaten.

Am Bahnhof der Blick einer Frau
ganz oben am Zeitungsstand.
Zwischen den Beinen ein Balken,
als bliebe sie dadurch unerkannt.

Das Haus. Aus dem Fenster,
aus dem ich mal stürzte,
weht ein Vorhang, grau
und dick wie eine Röntgenschürze.

Frühe Notiz

Nebenan haben sie
ein Kind gekriegt.

Jetzt
ist es still,
und ich rieche
die Milch durch die Wand.

Fünf Waggons

Im ersten Waggon saß eine Schulklasse
und sah zum Fenster hinaus.
Die Landschaft stand mit dem Rücken
zu ihr und malte.

Im zweiten Waggon saßen ein Mann
und eine Frau.
Eine leere Bierdose rollte durchs Abteil
vorbei an ihren Füßen.
Der Mann blies der Frau
Rauch ins Gesicht.
Die Frau blies den Rauch zurück.

Der dritte Waggon war leer.

Im vierten Waggon lag ein Betrunkener
quer auf dem Sitz
und redete
mit seinem entblößten Geschlecht.

Im fünften Waggon standen die Fenster
offen, und die Vorhänge
flatterten.

Uelzen Hamburg

Der Frost ist in die Bäume gestiegen.
Sanft drehn sich die Fische im Fluß,
die Schuhe der Stummen. Hinter Fenstern
schmücken Blumen ihr schönes Leben.

Platanen und Pappeln, ihre menschliche Haut.
Wind an den Türen. Tiere, die gähnen.
Milchkessel stehen am Straßenrand.
Die Müllabfuhr kommt. Eine Ampel blinkt.

Niemand da. Und langsam entvölkert
sich die menschenleere Landschaft, und
wir sitzen in der Bahn, glänzen, mit Schlaf
vollgesogen, tote Bäume, die harzen.

Fortsetzung

Jetzt bin ich da: abhanden
gekommen. Zu Haus: zu müde zum Gehn.
Eine Frau kommt. Auferstanden
von den Überlebenden, der Arbeit. Schön.

Ich verliebe mich in das Schöne
und bewundere das täuschend Echte daran.
Unser Gestöhne
kommt von nebenan.

Kleinöd

Wir schlafen mit den Vögeln
in einem Bett. Stumm, den Kopf
unterm Flügel.
Was für ein Vogel ist man?
Eine Meise, ein Spatz, eine Taube.

Draußen schlägt die Nacht ihren Mantel aus.
Häuser fallen aus den Taschen. Bäume,
die Hinterköpfe
flach vom Schlafen.
Fernseher fallen heraus, heiß wie Pfannen.

Der Wind mit verschwitztem Rücken. Alles,
was sich im Kreis dreht, fällt heraus.
Man kann sich denken, was. Alles,
was man sich denkt, fällt heraus.

Zum Schluß die Betten. Dann die Vögel.
Und die Bierbäuche der Wolken, gelb
vom Licht der Stadt.
Und der Riß im Mantel, die Mitternacht.

Liste

In sich gekehrtes Laub,
abgewandte Häuser. Anhaltender
Regen, einsetzende Stille.
Umgedrehte
Eimer. Weggeworfene Flaschen.
Gläser, leergetrunken.
Abgeräumte Tische, hochgestellte
Stühle. Vergessene Schirme,
Handschuhe, Zeitungen.
Bürotassen in einem Schaufenster:
Peter. Tanja. Chef.
Baustellen. Parkuhren.
Unvollständige Sätze.
Halb geschriebene Briefe.
Überheizte Räume.
Frisch gestrichene Zäune,
gemähtes Gras.
Freistehende Höfe.
Haltestellen, verlegt. Zur Hälfte
gegessene Speisen. Bißwunden
im Fell von Hunden.
Dein Mund.
Mein Ohr.
Volle Busse, beschlagene Brillen.
Tage, leicht wie Styropor,
vergangen.
Das alles
bringt Unglück
und noch mehr Verlangen.

Das ist das

Der Hafen liegt da
wie ein schlafendes Tier,
und die Schiffe kommen und legen an.
Der Fluß ist ruhig,
als wüchsen Bäume darin.

Am Rand der Straße bücken sich
die Bäume nach ihren Blättern.
Ein Auto steht da
mit ausgebreiteten Flügeln, glänzt.
Man kann ins Innere sehn wie in ein Haus.

Vorm U-Bahnschacht füttert jemand Tauben,
blicklos wie jemand, der Tauben füttert.
Unten gehen die Züge,
hinter ihnen schließt sich das Meer.
Irgendwo wird eine Seite umgeblättert.
Dann ist es Nacht.

Das ist nach der Arbeit, nach dem Essen
das Gesicht. Das ist das Liegen
bei dir. Das ist das mit deinen Augen,
die auf mir ruhn
wie die Finger der Blinden auf der Schrift.

Lied

Ich bau mir ein Haus:
Ich kauf mir zwei Taschen.
Aus einer schaun Flaschen,
aus der andren Blumen heraus.

Die Blumen steck ich ins Glas,
in die dicken runden Bäuche.
Mir fehlt zum Glück nur das,
was ich zum Glücklichsein bräuchte.

Immer wenn ich trinken werde,
wird eine Blume verblühn.
Grün
trudeln die Blätter zur Erde.

Choral

Du mit deinen Glasaugen
Und Haifischzähnen
Der du die Strichliste des Grases führst
Und am Fließband der Toten stehst
Bald kannst du abfeiern deine Überstunden

Du mit deinem Vollbart
Aus Fliegen
Laß dir vorlesen dies von deinen Engeln
Die jeden morgen in einem Einkaufswagen
Du über die Kreuzung schiebst
Und der Reihe nach stillst

Frische Blumen und Kerzenlicht trösten dich
Und der Gesang des Chores
Der in der Fabrik für Feiertage
Mit drei dünnen Stimmen singt
Auf halber Höhe
Für Dich Für Dich

Alter Friseursalon

Ohne Termin geht gar nichts. Die Wanduhr
steht seit Jahren und tritt den Kaffee fest,
der farblos ist vom Warten.

Unsere Nachbarinnen sitzen unter den Hauben;
grauhaarig, eingefallen: im Orbit vergessene Astronauten.
Mit Lichtgeschwindigkeit gehen ihre leeren Blicke

in die Kindheit zurück, wo nichts mehr ist –
von den Wänden lächeln die Bilder vergangener Moden,
während auf dem Tresen die Illustrierten verstauben.

Zuletzt wird gesprayt – Frisuren, steif wie Zuckerwatte,
werden mittags aus der Tür getragen: Süßigkeiten
für die Krankheiten, die kommen.

Der Bäcker

Wenn sein Hund mit der menschlichen Stimme
das erste Selbstgespräch beginnt,
steht er schon in seinem kleinen Laden, vom Mehl
bestäubt, ein Mann von drei Zentnern
mit offenen Beinen. Die Eistruhe
beheizt den Raum.

Im alten Wohnwagen hinterm Haus
wohnt von Mai bis Dezember eine Handvoll Gänse.
Abends trägt er seine Mutter nach oben
ins schlaflose Bett.
Neben dem Wohnwagen steht ein verrosteter Betonmischer
wie eine Lostrommel
für vergangenes Glück.

Der Weg im Vorgarten endet am Briefkasten.
In der Regentonne unter der Traufe kreisen Mückenlarven.

In den Fenstern schmücken sich
Blumen. Auf der Wäscheleine erblinden
die Laken.

Spätsommer

Die Katze dämmert. Schreibt einen Brief
an ihre Abwesenheit und wartet
auf Antwort. Vor der Kathedrale des Salates
nimmt eine Schnecke den Helm ab.

Der Bussard nimmt letzte Außenreparaturen vor
in der Schwerelosigkeit.
Auf dem Rasen spielt ein Regenwurm:
Vater Mutter Kind und wird

von einer Amsel gedrittelt
und zum Notenschlüssel gekrümmt.
Gleich beginnt die Pilgerfahrt der Motten,
zieht Nachtschwester Mücke ihre Spritze auf

gegen das Fieber des Schlafes, das steigt.
Bald sind die Äpfel reif. Lautlos gravieren
ihre Bewohner unsre Namen ins Fleisch.
Das Fallobst wird schon von Fäulnis geheilt.

Beobachtungen am Jüngsten Tag

Eine Wolke nimmt ihr Junges nicht an

Im Straßenbahndepot sammelt die Reinigungskolonne
die verlorenen Handschuhe ein
bevor sie eine Dummheit begehn

Die Windstille streicht alle Kleider glatt
Wir heben uns gegenseitig vor den Spiegeln hoch
schaun aufs getrunkene Wasser

Im Fußgängertunnel macht der blinde Bettler
gerade Mittagspause
und liest sein Horoskop in der Zeitung
und lacht

In einem Bettengeschäft liegt ein Paar
auf einem Doppelbett Probe
und ist eingeschlafen

In der Kapelle entstaubt der Pfarrer die Urnen
Auf dem Marktplatz
verschieben die Hütchenspieler
die Asche

In einer Waschanlage steht ein Leichenwagen
schwarz wie ein Geigenkasten
und wird gebürstet geföhnt und gewachst
Gleich rast er wieder übers Land
wie mit einem eiligen Transplantat

Bus in die Stadt

Die innere Uhr weckt mich am Morgen,
als schleifte ein Anker über den Grund.
Im Halbschlaf ziehn die Gedanken
Splitter aus dem sich öffnenden Mund.

Das Kind vor mir sieht aus dem Fenster,
entrückt, als läge es wach.
In den laublosen Kronen Nester.
Zweige berühren das Dach.

Hinter mir schläft ein Alter,
schnarcht mit zahnlosem Mund,
hält, als säng er die Hymne,
die Hand übers offene Hemd.

Kurz vor L., da bist du ja wieder!,
alte, gebeugte, zerlumpte Frau.
Schon dreht der Fahrer am Lenkrad,
ein riesiger Deckel, der klemmt.

Jetzt zieht sie an ihrem Körper
wie an einem störrischen Tier.
Müde rutsch ich ans Fenster.
Die zwei sitzen neben mir.

Fast leeres, fast stilles Wartezimmer

in dem nur ich sitze, zuhause
beruhigt sich der Spiegel.
Auf den abgewetzten Sitzpolstern
saßen schon Jüngere, einer
sterblicher als der andere.

Bis ich drankomme, studiere ich
das Schaubild
des menschlichen Skeletts an der Wand
mit dem alten Fliegenschiß
auf der Stirn
von den verhungerten Fliegen
auf der Fensterbank.

Der Arzt ist
seit Jahren tot,
die Sprechstundenhilfe
neu verheiratet.

Vielleicht ist Sprache nicht das richtige Wort,
sage ich leise zu mir selbst
in die endlose Stille hinein.

Oder der andere Vogel im Käfig.

Und krümme mich
in ihrem Schnabel.

Der Rektor

Der Rektor am Institut für erfolgloses Schreiben
kommt abends nach Hause und legt
die schmale schwarze Tasche auf den Stuhl,
der neben dem Flurspiegel steht. Der Rektor

öffnet die Tür und tritt ein, die Haare naß,
die Schultern naß, die Schuhe durch,
und die Frau des Rektors, als er hereinkommt, kreischt,
»Hast du das gesehn?«, sie steht im Wohnzimmer

und hat das Bügelbrett aufgestellt,
der Fernseher läuft, sie hat die Haare hochgebunden,
und in ihrem Mundwinkel hängt eine Zigarette
wie ein schief in die Wand geschlagener Nagel,

und daran hängt ihr Gesicht verkehrt herum.
Und die beiden Kinder sitzen am Couchtisch
und schaufeln Brei, die Löffel klingeln
an den Tellerrändern, über den Bildschirm läuft,

weil die Röhre es bald nicht mehr macht,
ein schwarzer Balken von unten nach oben.
Es gibt dasselbe wie am Abend zuvor,
nur riecht es noch intensiver, wie wenn es taut

und das Laub wie die Unterseite von etwas riecht.
Es ist ein vollkommen trostloser Abend.
Der Rektor am Institut für erfolgloses Schreiben
steht am Fenster, den Lärm noch im Ohr

des wieder überlaufenen Seminars.
Draußen schüttet es. Fast lautlos.
Als liefen Katzen
durchs dunkle Treppenhaus.

Mai

manchmal rückt die Feuerwehr aus
mit ihrem Museumswagen
und löscht den Brand
auf einem verstaubten Gemälde

während auf dem Meer der flirrenden Folie
die Polen nach Spargel tauchen
fährt der Dorfidiot Patrouille
für den Schlaf der Vernunft

es gibt die Schönheit der Frauen hier
sie ist zum Erbarmen ihre Brüste sind Hufeisen
oder Künstlermonogramme man pilgert
Jahr um Jahr liegt ungetröstet

in ihren Armen die Toten werden zu Erde
gelassen man steht wie Matrosen
das Boot ist leck dann dreht man
es um schwankt von Deck

Oben, unten

Während mein Herz die Zecke
sich vollsaugt anschwillt
quillen Wolken verbrannten Schlafs
aus dem oberen Fenster:
sie schüttelt die Betten auf
mit ihren Träumen
hat sie mein Kissen gefüllt

Unten legt er eine Platte
auf das alte Abspielgerät
es ist die Erde
eine schwarze verbogene Scheibe
die sich langsam in Wellen
immer schneller dreht

und der Tonarm
senkt sich in die erste Rille
und kratzt mit dem Fingernagel
Staub und Stille
aus dem Nabel
des endlosen dunklen Vormittags

Groschenroman

Es ist Samstagmorgen,
und wir sehen in das Gesicht der Verkäuferin
im Lädchen an der Hauptstraße.
Vielleicht sind wir entfernt verwandt.

Mit dem abgekauten Bleistift
rechnet sie unser Leben nach.
Ihr Haar fällt übers Blatt.
Du zählst ihr das Geld

in die Hand, langsam
wie Bruderküsse.
Vom Grund ihres Gesichts
tauchen die Sommersprossen auf.

Ätherrauschen

Als wir zu leben vergaßen,
zu lieben, damals,
in den wunderbaren Jahren,
blind für das, was wir sahen,

und die Fenster in den Zügen
sich noch öffnen ließen
und die Ärzte vierteljährlich
ohne Einmalhandschuh grüßten,

da saßen wir abends
lange noch da, saßen und lauschten
dem Ätherrauschen:
dem Wind in den Sportplatzfichten

und Schwimmbadpappeln,
übers Wasser trieben Samen,
und sahen dem Krabbeln
der Wäschespinnen zu,

die auf dem Rasen neue Netze
knüpften für die letzten
Hemden, aus denen unsre weißen
Herzen schlüpften.

April

Schwer zu ertragen ist das Gebell der Hunde
im Dezember wenn sie versuchen
mit den Flügeln zu schlagen
es klingt wie Befehle alter Generäle

im Januar findet die Amsel kaum Halt
auf den Dächern im Schnee in den Liedern
und die Türen der Häuser sind kalt wie die Rücken
von Büchern oder Leuten am Feuer

Wolken gehn im Februar in die Welpenschule
die Schüler werden vom Regen geweckt
der vermischt ist mit Flocken grau und zum Kauen
wie Muttermilch die nach Halmen schmeckt

Tote und Gras haben sonnige Bäuche
im März wenn die Lerche vom Meeresgrund steigt
gleich hörn wir in den Eiern die Flügel rauschen
und den Anzug des Toten im Kleiderschrank

Selbstgespräch mit niemand

Der Mond war ein Leckstein auf der Pferdeweide,
jede Pfütze mit Froschlaich ein Blatt mit Noten.
Waren Birken im Regen aus Kohle oder Kreide?

Auf den Äckern froren die Feldrandsteine
unverändert bis Ostern nach oben. An unsren Haaren
zogen sich Jahre ans Licht. Die Augen der Toten

waren mit Zucker gerändert. Die Brille auf der Nase,
Vater fand sie nicht. Mutters Blick
war aus künstlicher Seide, die im Sommer darauf

auf der Leine verblich. Sie hängt dort bis heute,
wenn an Sonntagvormittagen
die Haut noch vom Bad am Samstag riecht.

Mittage im August

Es ist das Licht. Es gießt
Blei in den See.
Jede Wolke zerfließt
darin wie Schnee.

Es ist der hölzerne Steg.
Das Wasser, das unter ihm klopft.
Die tote Amsel am Uferweg,
mit dem Himmel ausgestopft.

Es ist die Art und Weise,
auf die nichts geschieht.
Und von überallher ruft eine Meise:
Prinzip! Prinzip! Prinzip!

Palermo

Glockengeläut
ist kein Vers,
aber so beginnt dieses Gedicht,
in dem es Mittag ist.

Im Botanischen Garten
schläft der Geheimrat auf einer Steinbank
unterm Ginkgo.

Unter unsrem Fenster
wartet ein Blinder mit seinem Hund
an der Ampel. Der Hund
sitzt auf seinem Schatten
wie auf einem fliegenden Teppich.

Alles schläft. Auch der Gekreuzigte
an der Wand
mit seinem Gesicht
aus Wachs.

Unter den parkenden Autos
trocknen Ölflecken
und Katzen.

Und du befreist mich
von deinem Kleid.

Stunde beim Prosektor

Die hat zwei Tage in der Wohnung gelegen,
zwischen zwei Katzen und ihrem Hund.
Ursache unklar, Zeitpunkt so gegen
sieben, halb acht. Wie Butter der Mund.

Er wäscht und kämmt und sagt, seht nicht hin,
besser, ihr geht, wenn ihr's nicht sehen könnt.
Und dreht und schrubbt und wischt mittendrin
den Schweiß von der Stirn, der abwärts rennt.

Nachsommer

Schon badet morgens der Fuchs in den Wiesen.
Die trächtige Katze wirft einen riesenhaften Schatten
und zieht ihn hinter sich her wie einen Sack
voll Jungen, nass und schwer. Im Erdgeruch
der Eichenschatten wälzen Kälber den Mittagsschlaf,
deren Schwänze wie von selber nach den
letzten Fliegen schlagen. Wenn nachmittags
die Kalligraphen schlafen, fliegen auf den Feldern die
Rabenkrähen auf, die Anfangsbuchstaben
des nächsten Abendlieds, das auf den abgemähten
Halmen spielt, bis die ersten Kamine qualmen,
mit dünnen Fäden, die das Leben verlängern,
indem sie den Himmel heimlich schwängern.
Bis ich mein eigenes sing, das immer gleich
verklingt: ein Fahrrad taucht auf im verschlammten
Teich der Mühle. Darüber eine Libelle im
Rückwärtsflug, die mein Leben auf Anfang spult.

Gedicht

Ich bin nicht jenes neue, eine,
auf das ihr so lange schon wartet,
vergeblich. Das Neugeborene nicht,
von euren durstigen Zungen,
rauh wie ein Radiergummi jede,

trockengeleckt. Ich bin nur etwas Warmes
in der Hand eines jungen Gottes, klein
und verdreckt, der nichts begreift
und mich an sich drückt. Gleich
wirft er mich ins Feuer zurück.

Lange hatte ich

der ich Lieder mag
und keine Menschen

die Wahrnehmung nicht mehr bemerkt
dann traten die Dinge
aus dem Dunkel

und betasteten mich
wie Blinde
bis ich wieder sichtbar war

und wenn du dies liest
bist du am Leben
ich habe es für dich

nicht gestrichen

Schande den Dörfern, Schande den Dörflern

Was wirft man in die honesty box
für Grünkohl der Marke Lerchenzunge?
Unsere Turnhallen sind schon die Schlafsäle
der nächsten Katastrophe.
Schande den Dörfern, Schande uns Dörflern.
Unseren Doppelnamen, unseren Doppelgaragen.
In den Gästebetten frieren die Alten hoch,
zu Ostern auf den Feldern die Steine.
Schande den Montagen, an denen die leeren Zimmer
auf Zehenspitzen in den Häusern schleichen,
die Schlange stehen bis zum Ortsausgang,
um sich ins Kondolenzbuch des Vormittags einzutragen.
Schande den Friedhöfen,
die Toten sind eingeschlafene Limbo-Tänzer.
Schande unseren Fertilitätsfressen.
Die Gesichter unserer Kinder sehen aus
wie die Kinder unserer Gesichter.
Schande der Kartoffelfäule im Gesicht.
Schande dem Schneckenfraß im Hirn.
Schande den zerfallenden Bäckereien,
dem Zimtgeruch ihrer Wände,
den Brötchen Marke Salpeterfraß,
den Fenstern, blinde Bäcker,
und den Räum- und Streufahrzeugen,
blinkenden Krippen in den vorweihnachtlichen Gärten
und den Schwiegertöchtern mittwochs auf den Aufsitzmähern
und den Schwiegermüttern mit den Drucksprühgeräten.
Schande unserem Ackerbau,
er ist wie Dynamitfischen.
Schande dem barrierefreien Wohnen.
Schande unseren Strumpfbeinen und Beinstümpfen,
den röhrenden Hirschen und Bildschirmröhren.
Schande den Neubausiedlungen,
die Strampler auf den Wäscheleinen sind schon Schicksalsschläge.
Schande unseren überdüngten Weiden, Gräser kniehoch,
Kühe schwarzweiß,

unseren Gräben, Kanälen, Lagerhallen,
Windparks, Halden, Betriebsausfahrten,
unseren Turnhallen, Kirchen, Rohbauten,
in deren Vorgärten Kräne
zitternd nach Gold
oder Essbarem scharren.
Schande den Buswartehäuschen aus Waschbeton,
der Marienverehrung einer Dorfschönheit,
bevor sie das Klimakterium
der Volkshochschule betritt.
Schande unseren neugeborenen Tiefkühltruhen.
Schande den in der Ebene verstreuten Häusern, den Höfen,
dem »Wachse oder weiche«,
den Scheunen, Viehunterständen, Hochsitzen, verbunden
von Wind und Licht, miteinander redend im Gekläff
der Hunde, mit Schüssen fragend, mit Stille antwortend,
mit dem Geräusch der Nacktheit, wenn sich im Regen
die Dächer am Himmel reiben.
Abermals Schande den Zimmern,
von Spinnenfäden vertäut, sich zublinzelnd in der Nacht,
den Buswartehäuschen an den Kreisstraßen,
an den Kreuzungen, Stichstraßen: Kapellen.
Dem Fahrplan der Rücklichter. Dem Flüsterton der Dunkelheit.
Den Schwalben am Morgen. Dem Marschgepäck der Grundschüler.
Dem Busfahrer. Dem Rosenkranz des Lenkrads. Den Einfällen des Lichts.
Den in Betrachtung ihrer selbst versunkenen Teichen.
Dem gelben Postauto, das herumstreunt, bei laufendem Motor
steigt die Briefträgerin aus (Schande
der Briefträgerin!), ihrem Kindergartenblond,
ihrer Hand, die die Briefkästen bestäubt.
Der vogelgesprenkelten Fahne des Himmels,
der Zärtlichkeit eines Vormittags, der Schlafgesellschaft der Sätze
über dem Kleinstadtbahnhof am Abend.
Schande dem eigenen Knie,
blutig von der Prozession des aufrechten Gangs.
Dem Katzenfell der Stille, den Lippenbekenntnissen des Lichts,
der Jungfernfahrt des Leichenwagens.
Schande dem Schild: Kindergarten Sportplatz Friedhof.
Schande den aufgeschüttelten Wolken,

der Fruchtfolge der Psalmen.
Schande dem Heidentum der Kühe auf der Weide.
Schande den Hinterhöfen und Schuppen,
jenem Hinterhof, jenem Schuppen,
hinter dem wir uns immer heimlich trafen.
In der Regentonne zitterte der Mond,
in seinem versoffenen Gesicht
eine Handvoll Mückenlarven.

Blauer Montag

Man muss die Menschen lieben,
sagt Różewicz. Aber wo sind sie.

Ruhetag der Frisöre und Gasthöfe.
Während der Fernseher beschlägt

vom Wasserdampf der Kochsendung,
hinterlässt der Kleinwagen des Pflegedienstes

einen Ölfleck in den Farben
der Alten Meister. Auf den Feldern

suchen die Erntemaschinen nach einem
Schlafplatz. Unter den schwarzen

Plastikplanen grübeln Rüben:
zuckerblinde Seher, enthauptet.

Ich wusste gar nicht, dass ich manchmal bete

Ich wusste gar nicht, dass ich manchmal bete.
Eine Katze und eine Alte verlangsamen dieses Gedicht,
in dem es zögerlich Tag wird, sie hängt die Wäsche
ihres Sohnes ab, der seit Jahren nicht mehr schreibt.
Wolkenschatten tasten den Boden ab, Pferde kommen
ans Gatter getänzelt, doch geben nichts ab von ihrer Schönheit,
kein Wort. Vom Frühlicht verschneite Terrassen.
Dem Nachrichtensprecher im Radio
stopfe ich den Mund mit einem Lappen, getränkt mit
Psalmen und Kerosin: Lass mich sein, wie ich bin, vorher mach,
dass ich werde, was ich war, damit ich warten kann,
bis ich wiederkomme mit denen, die ich verließ.

Immer, wenn ich das Meer sehe

Immer, wenn ich das Meer sehe,
möchte ich deine Füße wiedersehen.
Wenn ich sage, die Schwalben sind wieder da,
meine ich die Schwalben von vor zwanzig Jahren.
Wenn ich an einem Buswartehäuschen vorbeifahre,
seh ich jedesmal kein Liebespaar, das sich umarmt.
Wenn nichts passiert und wir in der Flaute sitzen,
schnitzt Gott noch heute in meine Zähne:
Schiffsname, Schuljahr, Breiten- und Längengrad.
Wenn ich dich küsse, küsse ich eine Fotografie von dir,
schulterlanges Licht, die Arme mit Fingerabdrücken bedeckt.
Wenn ich dich nicht küsse, sitze ich noch immer
im Gasthaus und zähle die Stühle.
Wenn ich an dich denke, denke ich noch heute
mit offenem Mund daran, wie schön du bist,
warst. Wenn ich an die einsamen Nächte denke,
atme ich mir noch heute ins Gesicht.

Screenshot

Ist das hier eigentlich eine Höhere Töchterschule,
eine Besserungsanstalt, ein Knast? Häutet Ihr eure Kaninchen
heimlich hinterm Schuppen, wo die Regentonnen
unter der Traufe stehen wie besoffene Bauchtänzerinnen,
oder wo lasst ihr euren Hass? Ist das hier eine Weide,
eine blutleere Wolke, ein seit dreißig Jahren ertrinkendes Kind?
Ich wünschte, das hier wäre ein Schiff mit aufgestellten
Schwanzfedern. Und ein Grammophon würde angespült.
Ich wünschte, das hier wäre eine Amsel und die Amsel
ein Türglöckchen, das läutet beim Betreten der Welt beim
Verlassen des Gedichts. Ich wünschte, jeder wäre
sein eigener Taxidermist. Ich wünschte, das hier wäre
ein Pferd, und Bohrmehl rieselt aus ihm heraus.
Ist das hier etwa eine Sozialversicherungsschätzung,
ein Dosenwerfen im Nachthimmel oder der Keller
eines Diktators, die schöne Schmetterlingssammlung
aus Fingernägeln? Ich wünschte, das hier wäre das
Locked-In-Syndrom der Feldsteine (ihr Blinzeln bei Regen ...),
wenigstens das ADS einer Mücke, zumindest ein Nebenzimmer,
in dem ein Mann und eine Frau eingeschlafen sind
und euch für immer beobachten werden, und eure Hände falten
das Laken zusammen. Ich wünschte, das hier wäre eure
Hand: ein schwarzes Quadrat, das vorbeirollt an euren
und meinen Füßen. Aber ihr Bäumchen nickt einfach nur
den Wind ab. Nachts setzen sich die Masken eure
Gesichter auf und erschrecken die Toten. Die Gesichter
eurer Kinder sind Vanitas-Motive. Unter den Apfelbäumen
riecht es wie in einer Ausnüchterungszelle.

Danke

für die Notbeleuchtung der Sterne
morgens, Innenhöfe,
vom Dunkel ausgeleuchtet
und die Holzdose
mit den Milchzähnen meiner Tochter,
die ich mir ausschlug
auf dem Nachhauseweg,

das Sternbild
eines Gesichts,

LEBENDE TIERE
auf dem Heck der Lkw, die
zum Schlachthof fahren,

das Vergessen,
vom Gras geweckt,

das Nachthemd
auf der Wäscheleine,
von Mücken zerstochen,

den Gekreuzigten,
der seine Wunder leckt.

Echo

Allem gab ich meinen Namen
und las ihn von deinen Lippen ab.

Ich war der Entdecker der Milch
und der Erfinder des Schlafs.

Ich schloss mit meinen Händen
einen Vertrag: einsam zu sein,

aber niemals allein.
Ich war es, der das Brot nicht aß

in der großen Pause.
(Ich wurde nie wieder satt.)

Ich hatte noch keine Sprache,
aber einen Mund,

in dem sie heranwuchs wie Gras:
Ich war der Himmel, unter dem ich lag.

Langsamer

Langsamer, Meer.
Beruhigt euch, Berge.
Denn ich habe wieder begonnen zu lieben,
was ich zum ersten Mal sehe.

Ich, der ich mich nicht mehr
an meine Tochter als Kleinkind erinnern kann,
aber an meine Mutter als junge Frau.

Ich, der ich einen halben Nachmittag damit zubringe,
einer Eintagsfliege den Unterschied
zwischen hell und dunkel zu erklären.

Deshalb sehe ich dich so lange an.
Deshalb kommt es dir vor
wie heute zum letzten Mal.

Als ich ein Wunderknabe war

Als ich ein Wunderknabe war,
ging ich mit der blühenden Kastanie in der Hand voraus.

Jeden Abend sank mein Herz, eine Schwebspinne,
zog den Mond in die Höhe.

Als ich ein Wunderknabe war,
schüttelte ich die Streichholzschachtel der Sätze,
in der die Wünsche lagen, die Köpfe abgebrannt,
und verlief mich im Wald.

Jede Uhr war ein defektes Diktaphon.

Mein Daumen sah aus wie das Ohr eines Stoffhasen.

Als ich ein Wunderknabe war
und noch alle Bäume im Mund hatte,
der Feldrand spielend zwei Oktaven umfasste,
bis die Paarungstänze verblassten
wie die schweinischen Zeichnungen
in den Bretterverschlägen
und wir Stille kalbten
danach.

Später schliefen die Toten in Hut und Mantel
auf dem Schlafsofa im Gästezimmer,
später flimmerte der Sternenhimmel wie Schmuck im Massengrab,
später musste ich eines Morgens auf der Autobahn rechts ran,
um in einer müllverwehten Haltebucht auf nichts zu warten.

Aber als ich ein wunder
Knabe war,
standen die Mädchen Schlange
in der Dorfmitte meines Herzens
an der Haltestelle für den Bus,
der in die Vorstadt fuhr,

und das Zimmer meiner Schwester
stöhnte durchs gekippte Fenster
Je t'aime.

Das war lange, bevor mich jeden Sonntag
die Gießkannen weckten,
wenn der Wind ihre leeren Bäuche aneinanderschlug:
Vier gefesselte Schwäne,
die kopfüber neben der Friedhofspumpe
ihre langen grünen Hälse streckten
und die Köpfe
in die frische Erde tunkten.

Der Kaiser spricht

Wenn es Gedichte gibt,
bin ich der Kaiser von China.

Wenn es Gedichte gibt,
kommt Brahms noch einmal
zu Fuß nach Winsen,
Elise Giesemann besuchen.

Wenn ihr an Gedichte glaubt,
baue ich euch Leichtgläubigen eine Kirche aus Styropor
und fasse in die Sonne,
als kratzte ich mich am Arsch.

Wenn ich ein Gedicht geschrieben habe,
streichelt mich im Schlaf
die Hand des Präparators.

Wer Gedichte verbrennt,
wird wiedergeboren:
steif wie Gunther von Hagens
auf dem Vivisektionstisch von Francis Bacon.

Wenn ich ein Gedicht lese,
läuft mir mein toter Hund entgegen,
im Maul die Zeitung
vom Tag meiner Geburt.

Neues Notizbuch

Die Augen sind Zwillinge,
kurz nacheinander zur Welt gebracht,
geht einer, glaubt man, ihn noch eine Weile zu sehn.

Wer öffnet die Fenster in den Ortsnamen?
Wer wiederholt den Lauf des Hasen über den Feldweg bei
Zossen?
Hätte ich eine andere Sprache, wäre meine Sprachlosigkeit viel-
leicht grau.
Ich sah aus dem Fenster des langsamer
werdenden Zuges

und mich nebenher mitlaufen
und dann noch kurz mein Gesicht am Fenster
des wieder Fahrt
aufnehmenden Zuges.

Zwischen Hagenow und Ludwigslust ein Mann
in seinem Garten,
scheinschwanger vom Bier und Warten
auf nichts.

Pappeln, berauscht vom Wind.

Ich blieb ruhig,
las weiter im Brumaire.
Elsterngeschäcker,
ein aufgegebener Bauhof.
Der Zuckerbäckerstil zerfallener Siedlungen.
Die Bonbonfarben von Tankstellen, Leuchtspurmunition.
Kühe auf den butterblumengeblümten Weiden,
Wolkenschatten über Landkarten.

Zuhause bemerkte ich mein verlorenes Notizbuch.
Es scheint der Wirklichkeit
nicht zu fehlen,

notierte ich ins neue.

Gäbe es Freunde,
ihre Namen wären durchgestrichen.

Immer, wenn ich das Wort Ich
schrieb, schliefen meine Hände ein, zwei Blinde,
die sich noch im Traum aneinanderklammerten,
nachdem sie mich abgelegt hatten,
zögernd, in einem
langsamen Tanz.

Dieses Gedicht schreibt sich daher augenblicklich selbst,
es geschieht,
wie Licht,
Liebe,
freier Fall, ich
geschehe nicht, komme nur vor.

Wer es vergisst,
hat es auswendig gelernt.

Lauwarme Nacht,
erschöpftes Papier,
vom Mond bröckelndes Licht.

Morgen früh erwache ich
kurz nach mir.

Uhren zogen mich auf

Einmal trat ich auf eine Ameisenstraße
und löschte den Wald.
Ich saß auf einem Strohballen
und wusste noch nichts
von der Strichliste meiner Tage.
Mein Herz, hieß es,
habe man auf einer Drosselschmiede gefunden,
und der Gesang
kam schon näher.
Noch verschlossen,
fand mich das Gedicht.

Elementares Gedicht № 1

Trösten Brücken?
Sterben Pferde?

Jeden Morgen wäscht sie ihre Haare,
als ertränke sie eine Katze.

Ich möchte ungeschehen machen,
worauf ich so lange warte.

Elementares Gedicht № 2

Die Bibliothek, von der ich nachts geträumt,
bestand aus getrockneten Schmetterlingen,
in der Mehrzahl Kleine Füchse und Admiräle,
und ich erwachte als Lepidopterologe,
gähnend, von Hämatomen übersät,
als hätte mich Säugling über Nacht
meine tote Mutter mit Küssen bedeckt.

Wo etwas gärte oder verweste: Krähenfontänen.
Diesige Wiesen, das Licht: Nasses Salz.
Und der Weg nahm mich nur oberflächlich wahr.
Ich weckte den Traum vom Fliegen
beim Betreten des Hühnerstalls.
Schauerwolke, hell, mit Regenfäden:
Seelenmyzel, in aufgelockerte Erde gesteckt.

Sternenhimmel, ich ging unter.
Rücklings vergaß mich das Gras.
Der Fluß strömte mit meinen Füßen voran.

Elementares Gedicht № 3

Wie lähmend sind eure Jamben.
Und lasst uns schweigen von euren – ihr nennt sie –
Biographien: Banal wie die Zypressenschatten
auf den Bildern von Böcklin.
Wolltet ihr nicht endlich Dyslalien züchten?
Versucht euch doch einmal wie Delphine zu küssen!
Die Gesichter eurer Kinder: Machbarkeitsstudien.
Ich lebe länger ohne eure Verse.
Wann wird man euch das Kunsthandwerk legen?
Ich lese lieber Kohlhaas, treu wie Herse.

Auch in mir sind lange Gedichte, die ins Freie wollen
nach so vielen Jahren. Bald
ist die Küste erreicht, glauben sie mir immer noch.
Droht mir jetzt nicht mit Gewaltlosigkeiten.
Ich zähle mein Leben
nach Dienstjahren, unterbrochen
von wenigen Sommern.
Das Gras sagt mir alles ins Gesicht.

So möchte ich leben:
In Auflösung begriffen, im Schatten
einer cerebralen Wolke wandernd,
die mich vergißt. Ausruhend
von mir, an einem Bach,
die Kiesel kandiert vom gebrochenen
Licht; die Füße im Wasser,
vom Wasser geknickt.

Elementares Gedicht № 4

Begleiche deine Träume niemals im Mai.
Stell deine Hände einander vor.
Treibe die Flotte aufs Gras und weide sie.
Halt dich von Wangen fern, wenn kein Wind geht.
Gib zwei Schaufeln Erde ins Badewasser hinzu.
Leg dich in einen Katzenschatten.
Sag Mutter: Grüß Vater.
Halte den Vögeln die Ohren zu.
Hüte dich vor dem Hirten.
Verwechsle die Toten nie wieder mit Alpenglühen.
Meide Maische.
Tröste die Flotte, wenn sie weint.
Sag deinem Herz, es sei ein Einzelkind.
Teile dein Reich.
Komme.
Geschehe.

Elementares Gedicht № 5

Was ich vergessen habe, hat mit Gras zu tun,
Brombeeren am Bahndamm, knisternden

Sekunden, freihändigen Fahrrädern,
an Platanen angebunden auf einem Vorplatz,

Anfang August, einem mit Teerpappe
gedeckten Dach, auf dem der Abendregen

dampfte nach seinem schnellen Ende,
tropfenden Bäumen. Mehr nicht.

Scheinbar aufrecht gehend, weiß
bis zum Rand des Wassers, der alles,

was den Augen gehört, in seinem Spiegel
bricht: Wie ein Schwan, hin

und her gleitend auf einem Löschteich,
arbeitet mein Gedächtnis.

Ein Tier, das nicht vor mir floh,
sondern sich seiner Nacktheit schämte.

Denn ich will mich an nichts erinnern,
es sei denn, ich kann es wiederholen.

Elementares Gedicht № 6
(was er mag)

Die verkrauteten Sommerkleider der Witwen.
Die leuchtende Reithalle in der dämmernden Ebene.
Die Stille unterm Sternenhimmel:
Im Paketamt werden die Tablets ausgelesen.

Den Parkplatz vorm Friedhof, für Entomologen reserviert.
Schnee, der auf Motorhauben schmilzt.
Die Schachtel der Morgenkälte,
von den Grundschülern auf Lunge geraucht.

Im Garten des toten Nachbarn
den nassen Holzstapel
und den abgemeldeten Toyota Hybrid.

Das trampende Paar am Rand der nebligen Straße:
Zwei Raupen im Glas,
kurz vor der Verpuppung, in Formaldehyd.

Elementares Gedicht № 7

Ich baue mir ein Fahrrad aus Fichtenzweigen.
Zwei Kreuzspinnen, schon sind die Räder gewebt.
Ein Glühwürmchen hinten, ein Glühwürmchen vorn.
Ein Vogelnest wird die Klingel sein.

Heda!, ich bremse mit Hörnern!
Wie sich die Speichen im Sonnenlicht drehn!
Mit der Wünschelrute des Lenkers,
freihändig erst, dann kerzengerade im Stehn

(ein Kohlblatt dient mir als Sattel…)
fahr ich das Dorf einmal rauf, einmal runter
und strample und rolle und kurve und schleiche,
um zu sehn, wer sonst noch so lebt.

Elementares Gedicht № 8

Wie ich schrieb? Mit beiden Händen
trinkend. Mit Pfeil und Bogen.
Mit Erde getauft. Als Kind,
ganz in Schwarz zur Welt
gekommen. Mit Glocken
und Donner. Mit dem herausgewachsenen Blond
eines Ruders.
Mit der Nähmaschine Kreuzstiche
auf der Brust der Diktatoren.
Im Einbaum meines Körpers rede-
flußabwärts treibend,
von Trauerweiden gelesen,
die sich über den Fließtext beugen.
Im Sommer handschriftlich mit einer Libelle,
winters mit der Enigma einer Amsel
neben Walsers Hut im Schnee.
Mit einer Dornenkrone aus Fliegen,
das Brot mit einem Fisch schneidend.
Mit der Schwanzspitze von Huchels Lieblingskatze.
Mit offnem Mund.
Mit beiden Händen
trinkend.

Elementares Gedicht № 9

Im Paternoster der Lerche fuhr mein Blick nach oben.
Die Letzte, die nicht wiederkam, hatte Augenbrauen

wie Ölzweige, ihr Haar war eine kurze Reise,
und legte man die Hand auf den hölzernen Bauch

(wie ein Ohr auf Nebengleise), fühlte man die Krieger
wütend strampeln vor den ersten Atemzügen:

Raus! Amseln fangen! Kehlen schneiden!
Wer weiß schon noch, wie viel Klatschmohn nötig war,

um nachts die Ränder der Vorstädte zu beleuchten:
blutige Sägeblätter, deren Schärfe die Taxis prüften,

gestreckte Daumen mit Dreck unterm Nagel.
Wo das Dunkel raschelte, standen frisch verlebte Paare

auf allen Vieren an den Ecken. Man wollte sehr viel
und hinterließ fast wenig: zwei, drei Götter,

sein Tageshoroskop, einen Dackel, ein paar Spermaflecken.
Wer nichts wurde, behält es bis heute für sich.

»Klatschmohn«, sagte ihr Mund, den mein helles Gesicht
anzog,
»Klatschmohn«. Der Kuß ein entropischer Falter, Aurora,

Milch lief an den Flügelrändern runter.
Ich will nochmal dem Wind die Lippen lecken.

Ich war verliebt und frei von Begierden.
Ich will das Espenlaub der Sterne.

Elementares Gedicht № 10

Ich möchte einmal noch
die Sprache verlernen,
wie Mutter,
die ihre klassizistischen Versprecher
hinübergerettet hat
in die Spätphase WOHIN DENN
ICH VERGLÜHE
IM FALLE DES SCHNEES
ihrer Verwirrung.

Neulichst (die allergegenwärtigste Form der Vergangenheit).
Advocadomus.
Boticelli, der blinde Tenor.

Ich glaube, du mußt mal dringend
zum Pathologen,
sagt sie.

Da geht es mir auf,
mein verschlagenes Herz.

Elementares Gedicht № 11

Ich war siebzehn oder siebenundvierzig,
als ich mein Herz an eine Unbekannte verlor,
die morgens und abends im Überlandbus saß

(ein Setra S 215, im Auftrag der KVG, dreiundfünfzig
Sitzplätze, davon einundfünfzig leer),
die Winter hindurch, im Sommer selten, pausenlos

den ganzen Herbst, die Haare gefärbt,
die Scheiben vom Regen der Bäume trüb,
die verwitwet oder unglücklich verliebt war

und immer denselben Groschenroman las,
eine unendliche halbe Stunde bei rasender Fahrt,
und wußte bald nicht mehr, was sie verspeiste:

Mein Herz oder das halbe Brot,
das sie auf jeder Rückfahrt
mit spitzen Fingern beim Lesen aß

(die Kruste hart, das Innere weich).
Noch heute wird mir jedesmal schwarz
beim Wenden einer gelesenen Seite.

Elementares Gedicht № 12

Dendrochronologische Analysen besagen,
daß wir in Wintermonaten noch enger schwiegen.
Tagsüber waren wir nachtaktiv,
strichen an den Rückseiten der Darkrooms entlang,
starrten auf den Screens auf unsere Hinterköpfe.
Nie hielten wir es lange ohne uns aus,
tasteten uns beim Wiedersehen nach Texten ab.
Am unteren Bildrand des stream of consciousness
blinkte die Laufschrift:
Aufzeichnung! Rufen Sie nicht mehr an!
Hinter den Brillengläsern die Augen,
Steinwürfe ans Fenster.
Wir flöteten um Erlesung.
In jedem Glückskeks ein Epitaph.

Von Dank. Keine Rede

Auch der liebe Gott ist zugegen.
Er trägt ein hellblaues Matrosenhemd
mit Spitzenkragen und gilt für einen Neutöner.

Hugo Ball, *Der betende Hund*

»Manchmal bin ich so glücklich, daß ich das Schlimmste befürchte.«
»Weißt du, was wir vergessen haben? Wir haben vergessen, was unser Geheimnis ist. Jetzt weiß es jeder.«
»Ich vertrage die Vergänglichkeit schlecht.«
Beizeiten so schlecht, dass ich den Glauben verliere und zu hoffen beginne. Dann schreibe ich Sätze wie:
»Früher habe ich immer geglaubt, gerettet zu werden, heute hoffe ich, verschont zu bleiben.«

Meine Damen und Herren, »wenn man das Unglück hat, in der Pfalz geboren zu werden, dann muss man immer im Wald herumlaufen, das ist die einzige Rettung«, so schrieb Hugo Ball in einem seiner Briefe. Liebe Pfälzer, verehrte Preisstifter, liebe Jury, geschätzter Michael Braun, verehrte Frau Faul, glauben Sie nicht, dass die Tatsache, dass ich heute hier vor Ihnen und nicht vor Bäumen stehe, um Ihnen meinen tief empfundenen Dank auszusprechen, im Umkehrschluss bedeutet, dass ich kein Pfälzer bin. Die Pfalz im Sinne Hugo Balls nämlich ist – allgegenwärtig. Meine Pfalz hieß Winsener Marsch, ein Landstrich unter einem, wenn es das gäbe, noch leereren Himmel als dem über Ostfriesland, bei Nordwind rochen wir die Elbe, bei Südwind hörten wir den Geschützdonner von den Truppenübungsplätzen der Heide, und im Zentrum der Vaterstadt Eckermanns, die auch meine ist, Winsen an der Luhe, gedenkt eben diese ihres berühmtesten Sohnes seit dem hundertsten Jubiläum seines Todestages, den Eckermann einsam und verarmt und umgeben von seinen geliebten Vögeln, vielleicht vierzig an der Zahl, in Weimar erlebte, dauerhaft mit einem Denkmal in Form eines

Schornsteines aus landesüblichen Backsteinen, dessen mannshohen Abschluss ein quadratischer Betondeckel bildet. Allein dieser Anblick ist Grund genug, die Juroren anderer Preise vorsorglich um Nachsicht bei ihrer Entscheidung zu bitten. Aber auch dann wäre der nächste Wald ja nicht fern.

Aber lassen wir das. Sprechen wir lieber kurz über das Gedicht, genauer gesagt über das, was es zu verfassen, wenn doch nicht ganz unmöglich, doch so schmerzhaft macht. Nennen wir es ruhig auch »dieses halbwegs Pathologische«, wie es Hugo von Hofmannsthal im September 1902 in einem Brief an die Gräfin Thun-Salm getan hat, »dieses halbwegs Pathologische«, das aber doch an einem Ort wie dem Gedicht eher der Regelfall ist, denn, so von Hofmannsthal weiter, »welches Geistige, welches Gesteigerte, welches Phänomen der Seele überhaupt wäre nicht pathologisch, vom König Lear, ja von den Evangelien angefangen [...]«.

Oft werde ich auf einer meiner täglichen Pendlerfahrten Ohrenzeuge von Gesprächen, und oft sind es Gespräche unter Schülern, denn für die erste Etappe der Reise nehme ich den Überlandbus, der bei uns zugleich auch der Schulbus ist, der alles, vom Erstklässler über den Berufsschüler bis zum Abiturienten, in die Lernanstalten der Stadt bringt. Vor kurzem waren es zwei Berufsschüler, angehende Handwerker, die sich die Fahrt mit einem Gespräch darüber verkürzten, welcher Schmerz wohl der bislang Schlimmste gewesen sei; auf den Zahnschmerz wird der Ohrenschmerz gesetzt, der Schlag auf den Daumen gegen das Foul ausgespielt, der Kater vom Saufen durch den Kopfschmerz nach der Schlägerei übertrumpft usw. usf. Es fehlt aber: Der Liebeskummer. Es fehlen: Das Heimweh, der Abschiedsschmerz und der Schmerz um die Schmerzen der anderen. Es fehlt auch: Die Trauer um den Hund, mit dem man aufgewachsen ist. Es fehlen ihnen zum Glück so viele Schmerzen. Und es fehlt ihnen: Der unaussprechliche Schmerz.

Denn der größte Schmerz ist die Sprache. Um ihn zu beschreiben, müssten wir hinter den Spiegel schauen können. So bleibt uns keine andere Wahl, als ihn zu umreißen. Schauen wir einem Hund dabei zu, wie er aus einem Napf Wasser trinkt, und wir erkennen nichts als eben dieses: er trinkt Wasser. Selbst dann aber, wenn wir uns vergäßen (wie man so schön sagt), im Rausch, in der Verrücktheit oder in einem anderen Zustand (Verliebtheit), in welchem wir einmal nicht mit dem Vogelfutter in der Aktentasche unterm Arm pfeifend durch die Welt laufen, und wir uns auf allen Vieren daran machten, es dem Hund gleich zu tun: wir tränken nicht Wasser, wir leckten nur an unserem Spiegelbild. Denn die Sprache ist ein unstillbarer Durst. Noch jedes Mal, wenn er gelöscht scheint, beginnt der Brand, den er selbst entfacht, von vorn. Aber ist es nicht das, was das Gedicht macht? Ist das nicht der Grund dafür, dass uns ein leichter Schwindel erfasst, sobald sie sich nach innen wendet? Schon dreht sich die Welt im Kreis, und wir halten uns an unsren Mähnen fest.

Mein Schreiben ist meinem Berufsleben abgenötigt, das ich damit erpresse, alles auszupacken, was ich nicht mehr von mir weiß. Morgens schlafe ich in der Bahn. Am Mittag stehe ich am Bürofenster und sehe den Meisen zu. Abends sitze ich in der Bahn und denke so wie jemand mit Tourette-Syndrom spricht. Und dann fällt mir wieder ein, wie der Schmerz anfing, Lenz in Büchners gleichnamiger Erzählung »das Bewußtsein wiederzugeben«, und an seine Versuche, »sich zu sich selbst zu bringen durch physischen Schmerz«.

»Der echte Schmerz begeistert«, legt Hölderlin Hyperion in den Mund.

Und keinen schöneren Satz kenne ich als diesen: Ihm fiel das Sprechen schwer.

Sie denken, das ist nicht neu?
Was aber, wenn es denn so empfunden ist? Ist es dann nicht erst recht wahr? Und damit immer neu?
Wie gerne sagte ich mich los von der Sprache.
Wie gerne spräche ich mich von ihr frei.

Meine Damen und Herren, ich kann nicht sagen, dass ich weiß, dass ich nichts weiß, das wäre vermessen. Alles, was ich sagen kann, ist, das ich wenig weiß, und der Kern dieses Wenigen ist die Gewissheit, dass mich das Schreiben begeistert. Ich kann Ihnen dieses Geständnis nicht ersparen. Zu schreiben hat nichts Befreiendes für mich. Ich krümme mich unter den Strichen des Bleistifts. Ich ducke mich weg unter den heraufziehenden Bildern. Ich verstopfe meine Ohren, wenn der Chor meiner verlorenen Kindheit unterm Fenster steht. Und doch. Das Dichten ist ja auch ein Danken, so Hölderlin. Und trotzdem. Und mir fällt das Sprechen schwer.

Und all das ist alt. Und es ist immer neu. Ein Echo.

Der Satz »Die unendlich komplexen Lügen der Zeit, die dumpfen Lügen der Tradition, die Lügen der Ämter, die Lügen der einzelnen, die Lügen der Wissenschaften, alles das sitzt wie Myriaden tödlicher Fliegen auf unserem armen Leben«, den Hugo von Hofmannsthal 21-jährig schrieb, war ja auch schon nur ein Echo auf die »Unheilbarkeit des Jahrhunderts«, die schon hundert Jahre zuvor ausgebrochen war, denn, so Hölderlin-Hyperion, »die Fliegen abzuwehren, das ist künftig unsre Arbeit und zu nagen an den Dingen der Welt, wie Kinder an der dürren Feigenwurzel, das ist endlich unsre Freude.«

Und weiter: »Nun sprach ich nimmer zu der Blume, du bist meine Schwester! und zu den Quellen, wir sind Eines Geschlechts! ich gab nun treulich, wie ein Echo, jedem Dinge seinen Namen.« Und auf dieses Echo folgte das nächste

Echo

Allem gab ich meinen Namen
und las ihn von deinen Lippen ab.

Ich war der Entdecker der Milch
und der Erfinder des Schlafs.

Ich schloß mit meinen Händen
einen Vertrag: einsam zu sein,

aber niemals allein.
Ich war es, der das Brot nicht aß

in der großen Pause.
(Ich wurde nie wieder satt.)

Ich hatte noch keine Sprache,
aber einen Mund,

in dem sie heranwuchs wie Gras:
Ich war der Himmel, unter dem ich lag.

Und noch?
Die Trauer.
Aber um nichts.
Hölderlin fragt, »...um was du trauertest in aller deiner Trauer?«
Und Celan antwortet:
»Über aller dieser deiner
Trauer: kein
zweiter Himmel.«
Und Gott, können wir jetzt weiter fragen, frage ich, weil wir immer weiter, immer atemloser fragen können?
Man kann ohne Gott leben, antworte ich mir selbst. Aber nicht ohne Gottessuche.
Denn »ein leben ohne gott ist möglich / das leben ohne gott ist unmöglich«, lernte ich von Tadeusz Różewicz.

Und wahrscheinlich werden wir ihn tatsächlich eines Tages finden,
während er gerade seine Siebensachen zusammenpackt,
und wir können ihm noch eine Weile zusehen,
wie er beim Aufräumen seines Zimmerchens die Blindenschrift
auf Geldscheinen und Tablettenschachteln studiert,
oder wie er kurz vor seinem Abgang
seine neuen Gesundheitsschuhe einläuft
und im Park mit einem Stück Brot aus einer
Handvoll Spatzen eine Erbengemeinschaft macht,
oder wie er einem heruntergewehten Nest
ins Ohr flüstert, wie's kommt, daß was geht,
oder wie er noch eine Weile einfach weiterlebt
auf Armlänge eines Selbstporträts,
und es reicht dann noch für ein letztes kurzes Gespräch zwischen Tür und Angel und eine Danksagung:

Danke

für die Notbeleuchtung der Sterne
morgens, Innenhöfe,
vom Dunkel ausgeleuchtet,
und die Holzdose
mit den Milchzähnen meiner Tochter,
die ich mir ausschlug
auf dem Nachhauseweg,

das Sternbild
eines Gesichts,

lebende Tiere
auf dem Heck der Lkw, die
zum Schlachthof fahren,

das Vergessen,
vom Gras geweckt,

das Nachthemd
auf der Wäscheleine,
von Mücken zerstochen,

den Gekreuzigten,
der seine Wunder leckt.

Ein Gedicht, aufgezeichnet und verschifft in einer Flaschenpost mit dem Ziel Herzland.
Dafür zeichnet man sich ein Boot.
In dieses setzt man sich vorsichtig hinein.
Dann beginnt man zu schöpfen.

»Manchmal bin ich so glücklich, daß ich das Schlimmste befürchte.«
»Ich vertrage die Vergänglichkeit schlecht.«
Beizeiten so schlecht, dass ich den Glauben verliere und zu hoffen beginne. Dann schreibe ich Sätze wie:

»Früher habe ich immer geglaubt, gerettet zu werden, heute hoffe ich, verschont zu bleiben.«
Oder:
»Weißt du, was wir vergessen haben? Wir haben vergessen, was unser Geheimnis ist. Jetzt weiß es jeder.«

Bis heute ist mir dieser Dreisatz nicht aufgegangen. Ich sage ihn mir immer wieder auf. So vergesse ich es nicht. Und Sie? Hören Sie: Sie wissen bitte von nichts. So bleibt das Selbstgespräch mit niemand, das ich dichtend führe, unter sich.

Meine Damen und Herren, aber wenn es doch so empfunden ist:

Das Schreiben ist ein einsamer Animismus.
Doppelt einsam.
Denn alles, so wollen wir doch bitte glauben, ist schon beseelt.

Inhalt

Nachweise

Die Gedichte *Morgens um vier*, *Über den Fluss*, *25. Gesang*, *Verlaufen*, *Der Mond* über *den Garagen*, *Reisegedicht*, *Canto* und *Mein Sohn, sagt sie* wurden dem Band »Weiß ich« entnommen, Residenz Verlag 1995.

Was ist, *An mich*, *Ein Schnellzug fährt durch*, *Frühe Notiz*, *Fünf Waggons*, *Uelzen Hamburg*, *Fortsetzung*, *Kleinöd*, *Liste*, *Das ist das* und *Lied* entstammen dem Band »Auf mir, auf dir«, Residenz Verlag 1998.

Choral, *Alter Friseursalon*, *Der* Bäcker, *Spätsommer*; *Beobachtungen am Jüngsten Tag; Bus in die Stadt*; *Fast leeres, fast stilles Wartezimmer*, *Der Rektor*, *Mai*, *Oben, unten* wurden aus dem Band »Der Tag verging wie eine Nacht ohne Schlaf« ausgewählt, der 2008 in der Lyrikedition 2000 erschienen ist, *Groschenroman*, *Ätherrauschen*, *April*, *Selbstgespräch mit niemand*, *Mittage im August*, *Palermo*, *Stunde beim Prosektor*, *Nachsommer*, *Gedicht* aus dem Band »Lang ist ein kurzes Wort«, ebenfalls Lyrikedition 2000, erschienen 2009.

Lange hatte ich, *Schande den Dörfern, Schande den Dörflern*, *Blauer Montag*, *Ich wusste gar nicht, dass ich manchmal bete*, *Immer, wenn ich das Meer sehe*, *Screenshot*, *Danke*, *Echo*, *Langsamer*, *Als ich ein Wunderknabe war*, *Der Kaiser spricht*, Neues *Notizbuch* und *Uhren zogen mich auf* finden sich in dem Band »Uhren zogen mich auf«, der 2012 im poetenladen Verlag erschien.

Die *Elementaren Gedichte № 1* bis *№ 12* sind Neuveröffentlichungen.

Von Dank. Keine Rede wurde 2011 anläßlich der Verleihung des Hugo-Ball-Preises geschrieben und zuerst veröffentlicht in: Hugo-Ball-Almanach, Neue Folge 3, edition text + kritik, München 2012.